El ABA

Para los dos seres que representan el amor incondicional en su forma más pura—mis padres.

Índice

Prólogo

Es un poco inquietante ponerse a pensar y hacer consciencia de lo inmensamente parecida que es la vida a lo que pensamos que será. A estas alturas, ya acumulé un sin fin de testimonios propios de todas las cosas que he pensado, consciente e inconscientemente, que tarde o temprano se han manifestado tal cual. Existe la teoría presentada por varios pioneros de los temas de la supra consciencia, la psicología humana, y el poder del ser consciente de que los pensamientos son lo que más rápido viaja por el universo, incluso (dándole contra a la teoría de Einstein de relatividad) más rápido que la velocidad luz.

En estos últimos meses pasados desde esa ruptura tan dolorosa, que más adelante le llamaremos una muerte, he llegado a amarlo de nuevo. A ese hombre que tanto maldije por romperme el corazón y que secretamente deseaba que le sucediera lo peor, ahora le agradezco infinitamente su partida. Honro el amor que le tuve y lo sigo amando, pero ahora es un amor diferente. Un amor de gratitud.

Y aquí me tienes, escribiendo en este baúl todo lo que siento, con el deseo secreto de que algún día lo leas y te des cuenta de lo profundo que fue mi amor. Pero las leyes universales dicen que para cuando mis sentimientos se publiquen, ni yo me acordare de ti, ni tú me encontrarás la misma. Y entonces, solo entonces, tú sabrás lo que has soltado, y yo lo que he ganado.

Introducción

Primero que nada, quisiera contarles que creo que no hay un tiempo definido para sanar completamente de una ruptura. Cada quien basamos nuestras teorías en nuestras vivencias. Cada ser está viviendo su proceso a su paso. Así como en todos los aspectos de la vida, cada ser va a su paso y a su nivel. Debemos de respetar y honrar el proceso y el nivel de cada quien, pero sobre todo debemos respetar y honrar nuestro propio proceso y nivel en el que vamos. A nadie le gusta que lo despierten mientras duerme. Así como uno espera que respeten sus horas de sueño, y respetamos las horas de sueño de los demás; de igual manera debemos respetar los procesos de sanación, despertar, y a su vez la elección de seguir en la inconsciencia–tanto propios como ajenos. La compasión es clave para la paz del alma. Y puede ser aplicado a muchos aspectos de la experiencia humana, antes de un sentimiento ser mutuo, primero es propio. Es esencial amarse a uno mismo, antes de poder brindar amor. Es primordial la autocompasión, antes de brindar compasión a otros seres. Es indispensable el autoevalúo, antes de categorizar a alguien más.

El psicólogo y autor Jorge Bucay menciona en su libro, "Déjame que te Cuente," que nos tardamos un año en sanar una ruptura, ya que nos toma un año vivir todas las estaciones, y con ellas todas las experiencias que antes vivíamos junto a ese amor. Nos tarda un año reemplazar todos esos recuerdos de momentos y convivencias junto a la ex pareja, para crear memorias nuevas. Nos tardamos aproximadamente un año en revivir todo, con el mismo clima, en los mismos sitios, viviendo las mismas experiencias, pero ahora a solas. Dicen que el que amó con el alma, tarda en reemplazar esos recuerdos; y que el que rápidamente está listo para una relación nueva, en realidad nunca amó con el alma. Esto resuena conmigo, quizá contigo también, quizá no, o quizá aun te hace falta un autoevalúo de ti misma para determinar si esta ruptura te rompió el corazón, o te rompió el ego.

Una ruptura siempre es de dos. Es absurdo pensar que solo fue culpa de una sola persona. Como también es absurdo echarte toda la culpa a ti misma. La culpa es la peor consejera. En realidad, no existen culpas, más bien son responsabilidades. ¿Qué tan responsable fuiste, fue, o fuimos de esta ruptura? No siempre es 50/50, a veces es 70/30 o 60/40, o incluso 90/10, pero aquí quien importa eres tú. En quién nos vamos a enfocar es en ti. Lo que importa es enfocarte en ti solamente, la otra persona no es tu responsabilidad. Solo tu eres responsable de ti. Lo más difícil en la vida es voltear tu atención hacia ti misma, hacia adentro. Solamente enfocándote en ti puedes avanzar, aprender, corregir, y sobre todo sanar.

Este ex que me mató con su abandono—hablaremos más delante de por qué le llamo una muerte—me llegó a llamar una mujer difícil. Y como todo ser humano, y sobre todo las mujeres, perdí toda seguridad en mí misma. Me eche muchas culpas y cargue con ellas. Pedí perdón por muchas cosas que no debí pedir perdón. Llegué a creerle que yo en realidad era una mujer difícil. Lo que quiero compartirte en este libro es muy importante, porque una de las claves para transformar tu ruptura en lo mejor que te ha pasado es aceptarte. Acepta todo de ti. Acepta las partes obscuras y dañadas, para que puedas sanarlas; pero también acepta tus virtudes y no permitas que nadie te quite tu valor. Si, soy una mujer difícil, ¿y qué? Soy difícil porque no me rindo y porque me soy fiel a mí misma. Soy difícil porque defiendo mis ideales y valores y porque no permito que rebasen mis límites. Pero eso en mí, que acepto y amo, eso que llaman "difícil" en mí, es precisamente lo que me da valor. Si, soy una mujer difícil, porque me fijo en todo, valoro todo, y todo lo recibo con intensidad y pasión, tanto lo bueno como lo malo. No se quedarme callada porque no se fallarme a mí misma. ¿Para quién callas? ¿A quién estas salvando cuando callas lo que te parece incorrecto o injusto? No huyo ni tengo un pie en la puerta jamás, y mi palabra tiene honor. Si te amo, te entrego todo mi ser por completo. Me cuesta creer en la maldad de las personas porque mis intenciones siempre son puras y guiadas por mi sentido de justicia. Vivir conmigo es una aventura diaria y nunca sabrás lo que el día te depara a mi lado porque hasta compartir un tequila, un miércoles por la noche, en el patio, es algo importante y valioso para mí. No sigo las normas sociales ni camino en línea recta, sigo mi intuición y la guía de Dios. Pero, sobre todo, soy una mujer difícil, porque siempre voy a retar a que seas tu mejor versión, a que seas un hombre leal, masculino, decisivo, y digno de admiración. Es algo bueno ser una "mujer difícil," acéptate, amate, y no te culpes.

Nunca debes tener que decirle a un hombre maduro como debe amarte. Nunca debes tener que sonreír y aparentar ser perfecta cuando no te sientes bien. Esas emociones son lo que te hacen una mujer. Las mujeres somos magia. Lo que nos dan lo transformamos. Si nos dan una casa, la transformamos en un hogar. Si nos hacen el amor, les damos una familia. Si nos dan comida, la transformamos en platillos deliciosos. Si nos dan apoyo, les damos amor incondicional. Si nos dan inseguridades y dudas, les daremos problemas y reproches.

¿Te dejaron por no ser una mujer perfecta? ¿O te critican constantemente por no ser perfecta?

¿Qué es una mujer perfecta? ¿Quién puso ese estándar y cuándo? ¿Y en base a qué?

Todos nos basamos en nuestra crianza, lo que vimos y en experiencias pasadas para ponerle etiquetas a las personas, situaciones, etc. Pero nadie se atreve a voltear su atención hacia adentro, hacia uno mismo. Nadie le da el giro ciento ochenta a ese dedo índice que siempre apunta hacia otra persona u otra situación para buscar culpas o justificar sus actos.

¿Qué es una mujer difícil? Hoy en día se usa mucho el término, "tóxica." ¿Quién dice que eres difícil? ¿El que no se atrevió ni tuvo el valor de voltearse a ver a sí mismo? ¿El que viene de una familia rota, un padre ausente que nunca demostró amor a su madre y una madre sin valor propio que siempre lo permitió y le enseñó que es aceptable ese carácter? ¿Quién es el tóxico? ¿Tu, el que no sabe amar ni darle su lugar a su mujer? ¿El que jamás ha intentado hacer su trabajo interno para ser su mejor versión y poder ofrecerle eso a su pareja? Ese hombre que, a pesar de sus mil defectos, tu amaste incondicionalmente. Ese hombre que jamás tuvo la valentía ni voluntad de darse cuenta de su falta de interés, de su falta de decisión, de su falta de amor propio, de su desconexión de emociones, y de que todas estas faltas de él, causaban una inseguridad inmensa en ti, mujer, dejándolo todo en el campo de guerra que era la relación, con la esperanza de que algún día el tuviera un despertar y se diera cuenta de lo sola que te hacía sentir. Te llama difícil porque no te quedas callada de tus emociones, porque estas tan segura de tu integridad que lo puedes ver a los ojos y decirle que está mal lo que hace. Te llama difícil porque elevas la voz en tu impotencia de que no te escucha, no te valora, no te valida, y no te da seguridad. Pero tú sabes que no es que seas difícil, cuando la realidad es que tu amor es tan intenso, tan apasionado, tan incondicional y tan profundo, que solo deseas que el avance y crezca también, contigo, juntos, de la mano. Nos dicen, "quédate con el que..." ¡No! ¿Por qué me tengo que quedar? Mejor sigo adelante, mejor trabajo, disfruto, viajo, aprendo, me amo y valoro. Y, el que quiera, que avance conmigo.

No se puede denominar la perfección porque cada quién como es y en su nivel o proceso que está, es perfecta. Los aprendizajes que venimos a experimentar en esta vida, en este mundo, en este tiempo y espacio, los vamos a aprender. No hay manera de sacarles la vuelta.

Tu ser superior en todo su esplendor divino observa y busca la manera de que avances. Quizá ese hombre tenía algo muy importante que aprender de ti, pero no se atrevió. Porque todo lo que produce avance no va a ser fácil ni cómodo. Y quizá tú tenías que aprender que el amor antes de ser mutuo, es propio. Y no permitir que un hombre ciego, egoísta y renuente a crecer te diga que eres difícil. Solo porque no te quedas callada de tus emociones. Porque estás tan segura de lo correcto que lo puedes ver a los ojos y decírselo. Tu amor es tan inmenso que a pesar de que sacaba tus peores miedos, inseguridades y te hacía sentir chiquita e insignificante, seguías con tu coraje para delante. Jamás perdiste la fe en él. Pero él no sabe lo que es la fe. Ni el coraje. Ni sabe lo que es no rendirse.

Ahora me doy cuenta que nadie te "hace sentir" nada. A ti, mujer, ahora también te toca voltear hacia adentro, y analizar que parte de ti permitió que este hombre te mantuviera a su lado tanto tiempo si jamás te dio seguridad. Y a ti, hombre, si tomaste este libro dirigido hacia las mujeres y desde la perspectiva de una mujer, felicidades. Quizá logre tocar tu empatía. Pero si ya no avanzas más, mínimo permíteme este consejo: si no te agrada que esa mujer no sea común, igual a todas, no te enamores de ella. No te enamores de ella si no vas a querer ver el mundo con el inmenso amor y la misma pasión que ella ve en el mundo. Hazte responsable de lo que eliges, y no te enamores de ella si después vas a desistir, y huir.

Y no, no eres una mujer difícil. Eres una mujer fiel a sí misma, que lucha por lo que ama, y no se rinde. Y ya con eso, ya vales más que el que se rinde.

Al final, lo único que nos llevamos de este mundo, de esta vida, lo único que es eterno es el alma. Y puedes irte con el alma igual o peor que cuando llegaste; o puedes irte con el alma avanzada. Lista para otro mundo más elevado y consciente para otra dimensión, tiempo y espacio más avanzado.

No te rindas linda, ya vas muy avanzada. Ve hacia tu interior. Que ahí está tu guía.

Imagínate amar tanto a alguien que aún después de que te destrozaron el corazón, le sigues deseando lo mejor. Hoy y siempre te deseo lo mejor. Y, aún así, me perdiste.

Capítulo 1

Tres Grandes Amores

Simplemente no era el momento
indicado para nosotros.
Que lindo fue coincidir.
Pero a quién juega a perderte,
es mejor dejarle ganar.

Después de muchas pláticas con amistades tanto mujeres como hombres, entrevistas igual de ambos géneros, y largas discusiones con colegas y maestros, llegué a la teoría de que en la vida tenemos tres amores importantes que nos marcan para siempre. Tres Grandes Amores. El primero es ese primer amor, tan consumidor y apasionado como suelen ser las primeras experiencias de vida en muchos aspectos. El segundo es el que me gusta llamarle el Amor Getsemani, ya les explicaré porqué más delante. Y, el tercero, es el que le he nombrado el amor "Mr. Darcy" en honor a la novela épica de Jane Austen, "Orgullo y Prejuicio," que también les explicaré porqué más delante. Por supuesto que esto no quiere decir que no lleguen a existir otros amores. Así como se puede pasar del primer gran amor directo al segundo–lo cual, no recomiendo, pero también hablaremos de eso más delante–puede haber muchos amores, compañeros, amigos entre un gran amor y otro. Se les ama, y nos aman, pero no son amores que agitan el alma. Y, por supuesto, no tienen que ser sólo tres grandes amores, puede que para ti sean dos o cuatro. Un gran amor causa un cambio significativo y permanente en ti, causa un avance en el alma. Te obliga a un aprendizaje. Un gran amor te transforma.

El Primer Amor

El primer amor. El que despierta en ti el amor por primera vez. Sientes que no podrás jamás vivir sin esa persona. Siempre es lindo porque es inocente. Hay muchos "primeros" en esa relación—primer beso, primer viaje en pareja, primera vez haciendo el amor. No se fijan en finanzas, familia, estudios, ni amistades. Solo se dejan guiar por el sentir. Como ese primer amor no volverás a tener, no volverás a sentir. A veces terminan amablemente porque tus papás te llevan a vivir a otra ciudad, o la elección de universidad los separa. Otras veces termina mal, lo cual es común, ya que aparte de inocente, suele ser un amor inmaduro. Al final, termina ese amor. Y te deja un aprendizaje, como todo en la vida, pero sobre todo te quedas con las locuras despreocupadas, las fotos no publicadas, los momentos vividos que solo ustedes dos sabrán, y la juventud de ese amor que jamás volverá a repetirse en ese mismo tiempo y espacio. Ese primer amor te deja devastada. Porque como mencione anteriormente, sientes que no podrás jamás vivir sin él. Y, la ruptura o separación te vacía de aire los pulmones con un golpe en el pecho que pareciera te lo dieron con un tronco de árbol. Pero, como tanto nos repiten con el dicho más antiguo de la historia, el tiempo todo lo cura. Conforme pasa el tiempo y vas sanando –que suele ser relativamente rápido, unos dos a tres meses, debido a que es un tiempo en la vida donde las nuevas experiencias te llueven por todos lados y ayudan a distraerte y emocionarte–te vas sintiendo que maduraste, que aprendiste de esta pérdida de tu primer amor. Analizas los errores y los desbalances que hubo en la relación, y te prometes a ti misma aprender de toda la experiencia para jamás volver a cometer esos errores. Después vienen amores de relleno. Siempre existen amores de relleno entre los tres grandes amores, pero no perduran y no te enamoras profundamente. Son divertidos. Son aprendizajes también. A veces solo pasan por tu vida para mostrarte lugares desconocidos, experiencias nuevas, o comidas que no sabias que existían. Los amores de relleno son necesarios para seguir madurando emocionalmente. Pero nunca ninguno como tu primer amor.

El Amor Getsemani

Tan inesperadamente, y de repente, llega ese segundo gran amor. A mí me gusta llamarle a este amor, "El amor Getsemaní." Getsemaní en la Biblia inicia el proceso de la muerte y resurrección de Jesús. Jesús entra al jardín de Getsemaní para orar. Este lugar era frecuentado por Jesús y sus discípulos a menudo lo cual llevó a que Judas, quien ya había traicionado a Jesús y lo estaba buscando para arrestarlo, fácilmente encontrara ahí a Jesús y lo arrestara. Siempre era el mismo ritual para Jesús, llegaba al Getsemani, sus discípulos se quedaban sentados en la entrada mientras Jesús entraba al jardín de Getsemaní a meditar y rezar. Como lo explica el muy admirado y, para mí, un gurú de la filosofía y análisis del ser, Neville Goddard, describe el Jardín de Getsemaní como la representación del estado de alegría, y Jesús va a este estado de alegría acompañado por sus discípulos quienes representan la mente disciplinada.

Después de años de preparación, Jesús entró esa última vez al Jardín de Getsemaní, consciente de que iniciaba su final. Así entramos a este segundo amor. Bien preparada, con conocimiento de errores pasados y sin miedo porque ya hemos pasado, según nuestra mente disciplinada, la peor ruptura de nuestras vidas que fue la de nuestro primer amor. Pero la realidad es que este segundo amor suele ser el que toca todas tus fibras, todos esos botones detonadores. El amor Getsemaní es el más doloroso, pero del que realmente aprendes y maduras. Te obliga a voltear tu atención hacia adentro de ti misma y, por ende, te obliga a observar, identificar, trabajar y trascender las partes más obscuras de ti misma. Es este amor el que te roba todo. Te deja encuerada emocionalmente, expuesta, vulnerable, y sin autoestima, sin valor ni amor propio, y con todos los miedos del mundo. Por eso este amor no puede perdurar. Porque es el amor que te mata y te entierra. Y entonces te das cuenta que solo fue una relación kármica. Una relación que el Universo y tus guías te pusieron en el camino con el fin de tu avance, tu crecimiento, y tu ascensión. Pero para lograr esta resurrección, tienes que morir. Te tienen que matar. Tienes que enterrar tu ser anterior, inmaduro, ilusionado, soñador para que renazca tu mejor versión. Una versión más parecida a tu ser superior.

Pero, ¿quién renace después de tu entierro? Pues depende de ti misma. El proceso que llevaste durante la sanación del amor Getsemaní será la semilla que sembraste, y de esta semilla depende la cosecha que recoges al final del proceso.

Entonces y solo entonces, en esta nueva tú, en esta vibración divina y frecuencia elevada, atraerás al tercer amor. El amor final. El amor que te hace entender por fin el "porqué" de todo lo demás. A Mr. Darcy.

Mr. Darcy

Este tercer amor es nada más y nada menos que el amor propio tan inmenso que has llegado a tener por ti misma. Cuando sanas la ruptura del amor Getsemani llena de amor propio, compasión propia, entendimiento propio, y dispuesta a verte a ti misma con tus fallas y errores, y aceptas lo que necesitas cambiar y madurar en ti misma, empiezas a vibrar de una manera diferente. Vibras más alto y por lo tanto brillas más fuerte.

El Dr. Joe Dispenza nos habla del poder de mantener emociones elevadas. Él ha comprobado en sus investigaciones que nuestro cuerpo reacciona de acuerdo a lo que estamos sintiendo, no tanto a lo que estamos pensando. El problema es que lo que pensamos suele llevarnos hacia una emoción.

El amor propio es conocerte. Saber que estás hecha a imagen y semejanza de Dios y que, por lo tanto, eres Dios. Eres Su divina representación de sí mismo. Es el entendimiento del "yo soy" que significa "Dios en mi es." No solo saberlo, si no sentirlo, personificarlo, vivirlo, y caminarlo.

El amor propio es cuando uno entiende que todo lo que eres es luz, perfección, amor, divinidad y creación. Cuando ves algo y piensas, quiero disfrutar de eso, y lo creas. Lo atraes hacia ti. Lo compartes y lo sueltas sin ataduras, porque sabes que en realidad lo único que importa es el amor que Dios nos tiene. Lo único que nos llevamos es cuanto amor dimos. ¿A mí misma? ¿Cuánto amor me di? No podemos dar a nadie lo que no poseemos por nosotros mismos. ¿A cuántas almas le di tanto amor, que lograron reconocer su amor propio también? Y aplica desde lo más profundo hasta lo más sencillo. Me amé tanto que cuando alguien me amenazó en irse, le abrí la puerta y le deseé el bien sin reproches ni rencores. Me amé tanto que nunca dudé de mi capacidad de creación. Me ame tanto que deje ese ejemplo para que la humanidad aprendiera a amarse igual de tanto.

Ahora, en ese estado de amor propio, es en el que llega Mr. Darcy. Porque él también lleva tiempo buscándote. Quizá él también estaba en su proceso de muerte, entierro y resurrección. O quizá solo estaba esperando a encontrar tu brillo. Este brillo que nunca antes habías tenido porque era necesario enterrar todo lo que te opacaba.

¿Y qué crees? Que, si no llega una persona específica a tu vida en esta vida, ni siquiera te importará ni lo sentirás. En este punto, y ojalá para cuando termines de leer este libro, estarás tan en paz y tranquila contigo misma, que no habrá necesidad de nadie ni nada externo para sentirte plena.

Aunque según mi experiencia, cuanto más plena te sientes, más se forman las filas de pretendientes.

El Universo siempre nos da toques suaves en el hombro.

Empujoncitos.

Nos avisa con cariño que por ahí no es.

La felicidad está por otro camino. Lo que solemos llamar señales o banderas rojas.

Ya para cuando algo explota es porque no hicimos consciencia de esos toques suaves. No quisimos escuchar.

Preferí seguir idealizándote.

El monstruo que vi al final es el mismo del principio, pero elegí verte con lentes de amor.

Hasta que el Universo tuvo que darme una patada en el corazón que me tumbó esos lentes de los ojos.

Capítulo 2

Introspección.

En una ruptura ambos pierden.
Tu perdiste a quién más te amaba.
Yo perdí mi tiempo

En realidad, nunca se puede considerar tiempo perdido si lograste ver a todas las situaciones como lecciones y a todas las personas como maestros.

El amor propio siempre está ahí, en nuestro disco duro, en el alma. Solo que, como mencioné anteriormente, está opacado por nuestro ser aún no revolucionado. Permíteme contarte una experiencia propia que me comprobó que nuestro ser elevado siempre lo tenemos ahí en espera.

La Historia de la Meditación Dos Semanas Antes de la Ruptura.

Me doy cuenta de lo extremadamente parecida que es mi vida a lo que me la he imaginado muchas veces. Empecé a imaginarme mi vida sin ti. ¿A pensar dónde viviría? ¿Qué haría sin ti? Y sucedió. Pero, sobre todo, empecé a sentir las emociones de cómo se sentiría estar sin ti. Y era un miedo, pero un miedo de esos buenos. De los que sientes cuando estás a punto de un gran proyecto, o al borde de un gran logro. Sin darme cuenta, estaba manifestando tu partida.

Exactamente dos semanas antes de la ruptura con mi amor Getsemani, llegue a casa un sábado alrededor de las once de la mañana después de una agotadora práctica de tenis. Era el mes de febrero y el clima ese día estaba perfecto. El sol brillaba, no había ni una nube a la vista, me senté en la terraza con mi café en mano y fue inevitable hacer consciencia de la perfección del momento presente. El aire estaba a una velocidad divina que me abrazaba, la campana de viento sonaba en los tonos afinados e impecables y volumen adecuado. La casa estaba sola, él se había ido a sus actividades de sábado y solía llegar siempre ya en la tarde. El lago a mi vista estaba lleno de gansos blancos haciendo sus bailes y cantos matutinos. El escenario perfecto sin duda. En ese momento tan excelente, me pareció lo más adecuado ponerme a meditar. Apenas llevaba unos quince minutos meditando cuando me llegó un pensamiento como un depósito de información que yo no había pedido— "Te vas a quedar sola pronto, necesitas pensar donde vas a vivir." Sentí un golpe hasta en lo más profundo de mi ser. Abrí los ojos y me molesté conmigo misma por tener esos pensamientos y decidí ya no meditar. Me preguntaba entre miedo y coraje,

¿"Porque Marcela"? ¿Si todo está perfecto y pleno? ¿Porque se te vienen estos pensamientos tan negativos?" Los próximos tres días fueron una tortura. ¡Cada que mi mente tenía la oportunidad, pum! Me volvía el mismo pensamiento y sentía que cada vez aumentaba más el volumen de mi voz interior. Hasta que la mañana del cuarto día decidí rendirme a ese pensamiento y prestarle atención.

Me senté en el mismo lugar en la terraza y me puse a pensar donde viviría si me quedara sola. Recordé un área de la ciudad donde hacía un tiempo viví muy feliz por once años. Decidí que definitivamente regresaría a esa área. En el momento en que me rendí al pensamiento, desapareció y no me volvió a perturbar.

A las dos semanas sucedió la ruptura. Empecé a buscar a donde me iría a vivir en la misma área donde llevaba viviendo de casada ya varios años y no encontraba nada. Me comenzaba a invadir el pánico y el estrés. ¡Y entonces, recordé! Esos días de tortura con ese pensamiento y la rendición que me llevó a elegir el área. Me fui directo a donde había pensado, y resultó que había un sin fin de opciones, que hasta me di el lujo de escoger comodidades que se acomodarón a mis necesidades.

¿Lo ves? Cuando te rindes a todo, en consciencia del amor propio, te das cuenta que Dios, El Universo, ya conoce toda tu película y está intentando guiarte hacia tu expresión más elevada.

Este testimonio propio me llevó a analizar el aprendizaje en lo que viví. Cuando me permití entender todo lo que fue desenvolviéndose incorrectamente en esta relación rota, todos los límites no establecidos, los acuerdos no cumplidos, las faltas a mí misma al permitirme portar un disfraz para acomodarme a la vida de alguien más y agradarle; aprendí que la peor traición es la traición a uno mismo. Pero de esto, como repito mucho, hubo un aprendizaje para mí que se convirtió en una teoría. El aprendizaje me llevó a reconocer las llamadas banderas rojas en los hombres. Ya que reconocí mi patrón de idealizar a mis parejas e ignorar esas banderas rojas.

Me enamoraste. Yo no amo a primera vista. Pero tu hiciste hasta lo imposible por conquistar mi amor. Imagino la inmensa confusión y turbulencia mental que debe tener un ser para soltar algo que le costó tanto conseguir. Que acciones tan extrañas produce una mente rota.

Capitulo 3

Tres Tipos de Hombres

En una ruptura ambos pierden.
Tu perdiste a quién más te amaba.
Yo perdí mi tiempo

Existen tres tipos de hombres en general. Claro que cada ser es un mundo propio y la psicología de cada persona es compleja y multifacética. Y dentro de la psicología individual de cada quien, se pueden presentar más de una categoría de características. Pero de acuerdo a esta teoría se pueden clasificar dentro de estos tres.

- El hombre emocionalmente inmaduro (El Princeso)
- El hombre emocionalmente reprimido (El Traumado)
- El hombre emocionalmente inteligente (El Campeón)

El Princeso

El hombre emocionalmente inmaduro suele presentar banderas rojas relacionadas con características de dificultades para comportarse de manera responsable en sus relaciones interpersonales. En situaciones de enfrentamientos, acuerdos, límites, y trascender obstáculos en la relación, se comporta infantil, a la defensiva, y lo que hoy en día llaman, "princeso." El hombre princeso tiene mucha energía femenina. La energía femenina alta en un hombre es fácil de identificar. Se queja mucho. Se queja de todo. Se queja de la familia, del trabajo, de las finanzas, de la pareja, etc., y suele echarles la culpa a todos de lo que está mal en su vida. El hombre princeso no quiere una princesa, quiere una mama o una socia de trabajo. El hombre princeso es incapaz de asumir responsabilidad de sus acciones. Siempre tiene una excusa de porque se comporta de tal manera. Y generalmente, esa excusa eres tú, su pareja. "Pues es que yo hice o dije, porque tu hiciste o dijiste primero." El princeso siempre ocupa ser el centro de atención. Por supuesto que le molesta que tu brilles o sobresalgas en una situación social. Cuando una mujer entiende el valor en su feminidad, no solamente verás las banderas rojas del hombre princeso, si no que ni siquiera te sentirás atraída por ese hombre. El hombre princeso jamás desarrolló, o más bien dicho, jamás maduró su masculinidad. No puede ser hombre porque sigue siendo niño. Quizá no sea su culpa, quizá no recibió nunca ese amor o ejemplo de papá. Quizá mama inconscientemente siempre lo trato como niño, siempre alentando sus comportamientos que se quedaban cortos de un desarrollo apropiado para un niño. Pero si somos responsables cada quien por nuestros actos. Hasta que ese niño haga su trabajo, madure su masculinidad, le de ese amor a su niño interior que no recibió, no podrá estar en una relación como hombre, como líder de una familia, sin reprocharle a su mujer todo lo que está mal o, peor aún, callarse todo el resentimiento que acumula hacia la pareja para al final salir de la relación huyendo de la responsabilidad. Cuando un princeso no tiene la voluntad de crecer y madurar, destruirá la relación con una buena mujer. Se buscará una mujer que no ponga límites ni estándares. Se buscará una mujer insegura y sin valores que justifique los actos inmaduros de ese princeso. Jamás te creas que no eres suficiente para un hombre. Nueve de diez veces, eres mucho para ese hombre y simplemente necesita buscarse una mujer débil que acepte el mínimo.

El Traumado

El hombre emocionalmente reprimido es aquel que presenta características de traumado. Evade a toda costa tener pláticas incómodas porque está en negación de sus propias emociones. El hombre traumado carece de empatía. Siempre tiene un pie en la puerta y prefiere huir antes que afrontar un obstáculo y trascender. El hombre emocionalmente reprimido es muy probable que haya pasado un trauma. Quizá un trauma de ruptura que vivió con sus padres o incluso sufrió una infidelidad. Al no confrontar sus emociones causadas por estos traumas, se vuelve un hombre de emociones reprimidas, incapaz de comunicar sus sentimientos, y establecer relaciones íntimas con una pareja ya que su defensa es evitar toda situación emocional. Debido a que nunca hizo—ni quiere hacer—el trabajo para enfrentar, aceptar, y sanar sus traumas, el hombre traumado anda ciego por la vida, buscando "quien le de paz." Esta paz no se la puedes dar tú. Todo lo que hagas o digas será usado en tu contra. No habrá empatía para ti jamás. No podrás tener un mal día, ni permitirte sentir o validar tus emociones, porque entonces el exigente, traumado te echara la culpa a ti de todo. El hombre traumado siempre es víctima. Este tipo de hombre vuelve loca a su mujer. Ella no entiende porque no se siente segura, o porque no confía en él. El traumado no da esa confianza y ese respeto a su mujer, porque no se la sabe dar ni a él mismo. No sabe ser honesto en la relación, porque ni siquiera sabe ser honesto con el mismo. Anda de ojo alegre, está siempre con un pie en la puerta, amenaza siempre con irse, o da solamente lo básico en la relación para curarse en salud. El hombre traumado jamás va a validar tus emociones, por lo contrario, tus emociones—que son lo que te hacen femenina y valiosa en una relación—representan todo lo que el trata de evadir. El hombre traumado es el más difícil de sostener en una relación. Tú, mujer, no eres Madre Teresa de Calcuta para andar haciendo obras de caridad con hombres traumados, no le debes nada a ningún hombre, ni tienes que demostrar que lo amas aguantando su desfachatez. No es tu responsabilidad ese hombre, ni su evolución, crecimiento, y proceso.

El Campeón

El hombre emocionalmente maduro e inteligente es un campeón. Es un verdadero hombre, macho. Solemos confundir el machismo con algo masculino, pero la realidad es que el hombre verdaderamente masculino establece orden en la relación y en su familia. Es decisivo y te da seguridad emocional, y toma control de las situaciones emocionales. Estos hombres te permiten ser femenina, honran y admiran las cualidades femeninas en ti y aceptan que se ocupa ese balance masculino y femenino en una relación para mantener la energía fluyente. Él marca la pauta que los guía en la relación desde el amor, la compasión, la madurez emocional, y el amor incondicional. El campeón se hace responsable y es consciente de sus emociones. Sabe poner límites y honra sus acuerdos. Es capaz de reconocer sus errores y corregirlos, y es capaz de empatizar con su pareja sin sentirse menos masculino. En situaciones conflictivas, busca soluciones constructivas porque es consciente de que te ama y no es opción perderte por un conflicto. La energía masculina, trabajada, madurada, que tuvo un buen ejemplo, o que sanó a su niño interior, es la energía masculina que sostiene y permite ser a la energía femenina. Como en el baile, el hombre lidera, la mujer se deja liderar y confía. El Campeón se conoce a sí mismo porque ya hizo su trabajo interno. Sanó heridas de infancia, aceptó sus errores y fallas en su masculinidad, sano sus temas más profundos, sus traumas y sus miedos. Este hombre que ama desde ese punto, permite a la mujer ser. Ser femenina. No le pasa la carga ni la responsabilidad de mantener la paz en la relación.

El campeón sabe coexistir en la misma frecuencia que su mujer. Sabe cuándo hablar, cuando escuchar, y cuando tomarla en sus brazos y pegarla a su pecho. Tiene la habilidad de leer la energía de su mujer y abrazarla. Esto permite que ella confíe en el completamente y entonces ella le corresponde con la intimidad y el respeto que él desea.

Sigue trabajando en ti misma. Crea ese espacio completamente sano en donde solo un campeón sabrá aterrizar y quedarse en tu cielo.

Aprendí que no todo mundo es como yo. Ni siquiera tu.
Aprendí que no le pido nada a nadie ni me interesa lo que
piensen de mí.
Aprendí que no soy tu amiga por interés.
Aprendí que tengas o no tengas, para mí el valor está en la
lealtad.
Pero sobre todo aprendí que tú no tienes los mismos valores.

Capítulo 4

¿En Realidad, con Quien Estás Enojada?

Gracias por romperme el corazón.
Estaba tan enamorada que jamás
me hubiera dado cuenta que
merezco algo mejor.

Me costó mucho tiempo e introspección entender, entrar en consciencia, de la realidad de donde venia mi enojo, mi ira. Por supuesto que identificamos la ira que sentimos con esa persona que nos abandonó, que se dio por vencido, que jamás tuvo la voluntad de luchar por la relación. Al paso de los meses, la ira que sentía hacia él se me fue bajando. Ya me creía con certeza mis propias historias de sanación. Me decía a mí misma cosas como, "no fue tan malo," "si me quiso, pero tiene problemas, tiene traumas, no sabe manejarlos," "si me amó, pero nadie le enseñó a amar," "no supo sostener un matrimonio," y "a él también le duele," y empecé a sentir compasión por él, e incluso, a perdonarlo. Pero luego a los pocos meses, después de haber cortado toda comunicación con él, tuve que tener contacto con él. Para mi sorpresa, su reacción fue de inmadurez, de querer joder en lo que sea, de querer ganarme en lo que fuera. Esto me regresó instantáneamente a esa ira que sentía por él. Pero ahora con más dolor, porque según yo ya lo había perdonado. Da risa leer esto, ¿verdad? Esta ira, en el momento, la identifique con los mismos pensamientos de un inicio. Los pensamientos de, nunca me quiso, me usó, me tiró a la basura, toda esa aversión que pasaba por mi mente y me causaba mucho dolor cuando recién la ruptura. Y entonces también me di cuenta que aún no estaba bien. Recordé que no habían pasado unos meses bonitos. Cada que me contaban las mil estupideces que él andaba diciendo, aprovechando cada persona que tenía frente al él para hablar de nuestra ruptura y sus mil justificaciones (curándose en salud), volvía a sentir esa ira inmensa.

Así que, me senté, con mi café en mano la mañana siguiente, y me di a la tarea de identificar correctamente esta ira. En esta introspección, me di cuenta que en realidad la ira que sentía era conmigo misma. Él no me traicionó, yo me traicione a mí misma. La peor traición es la traición a uno mismo. Cuando te eres fiel a ti misma, a tu moral, a tu integridad, a tus límites, a tus ideales y principios, nunca te puede ir mal.

Buddha decía, "La gente no te hace cosas, la gente simplemente hace cosas, y de ti depende la manera que te afecta." Hablar con uno mismo es la forma de introspección más común. ¿Me pregunté, por qué fuiste permitiendo desde un principio que rebasaran tus límites? ¿Por qué fuiste cambiando, sin que te lo pidieran, aspectos de ti misma? ¿Porque te fuiste acoplando al papel que corresponde a el horario de él, a la vida de él, a las necesidades de él, de su familia, de sus hijos, etc.? ¿Porque me puse un disfraz de plumas, para parecerme al pájaro? La realización fue que, al paso del tiempo, la ira se fue acumulando, pero siempre fue coraje conmigo misma. Había muchos problemas y conflictos debido a ese coraje. No dudes que probablemente él haya pasado por lo mismo, se dé cuenta o no, pero en este libro, él no importa. Importas tu. Estamos hablando de ti, no de él. No lo olvides.

Cuando aprendemos a siempre sernos fiel, a tu integridad, a tus principios, solo pueden suceder una de dos cosas:

1. Al establecer tu límite desde un inicio, la otra persona tira la toalla inmediatamente, ahorrando para ambos una relación tóxica de determinado

tiempo, que sin duda terminará en una ruptura dolorosa para uno o ambos. Esto aparte te abrirá el camino de nuevo para lo que tus principios e integridad saben que te mereces. Funciona como un filtro, vaya, un filtro a tu favor, mostrándote a alguien que no tiene interés en crecer juntos.

2. Al establecer tu límite desde un inicio, la otra persona se eleva automáticamente a tu nivel de integridad. Esto confirma tu autenticidad, tu amor propio, y tu madurez emocional. Estas cualidades son cualidades muy atractivas. Y ahora igual, el filtro funciona a tu favor, mostrándote a alguien que está dispuesto a crecer juntos.

Imagínate una relación de pareja donde ambos, en su fidelidad a su integridad, establecen límites desde un inicio, se validan, honran y respetan estos límites y acuerdos. Nunca debemos tener que decirle a un hombre adulto como amarnos. Si le tienes que decir más de una vez, y no hay voluntad de su parte, ahí no es. Amate, date la vuelta, y vete.

Todo este coraje que acumulamos suele venir de algún momento donde no te fuiste fiel a ti misma. Y, suele suceder que nos traicionamos a nosotros mismos por estar ausentes del presente. ¿Porque estamos ausentes del presente? ¿Porque tendemos a tener prisa por llegar al próximo momento? Muchas veces nos perdemos de disfrutar lo que está sucediendo en el momento presente, por estar pensando en lo que queremos que suceda en el futuro. Por ejemplo, estás en un proceso de sanar tu corazón roto, y estas pensando ya en una futura relación, quieres irte corriendo hacia ese futuro. Pero, olvidas disfrutar el presente y en lo placentero que es estar soltera. Y después, cuando llega esa relación, tampoco la disfrutas en su presente ni aprecias tener la compañía por estar queriendo estar soltera de nuevo.

Hónrate a ti misma, tente compasión, amor y respeto. Disfruta tu presente y aprecia lo que estas viviendo ahora. Porque lo que estas viviendo ahora es un proceso de sanación del dolor de la ruptura. Todo sucede por algo, y quizá es momento de sentir gratitud por esa relación que se terminó. A veces estamos tan enamoradas que dejas de recordar lo mucho que te mereces y lo mucho que eres capaz de hacer por los que amas. Ese amor tan bonito, entregado, y apasionado que das se merece una pareja que quiera sostenerlo. Es difícil verlo en medio de este proceso, pero si sueltas y confías en ti misma, pronto te darás cuenta que te mereces a alguien que te ame y te sostenga tan lindo como amas y sostienes tu.

Para futuras relaciones, de todo tipo, familia, trabajo, hijos, amistades, es importante tener claro que no es responsabilidad de nadie sanarte tus heridas. Benditos y altamente admirados los que sanan corazones que no rompieron, los que sanan dando amor en avalanchas continuas, los que ven tu expresión más divina cuando tu misma no la vez, y si existen estos seres. Pero, no es responsabilidad de nadie sanar tus heridas. Ese trabajo te corresponde solo a ti. Los procesos de sanación no son bonitos, ni fáciles, ni mucho menos rápidos, más bien son dolorosos, incomodos, y llenos de desorden. Pero solo *TU* tienes la cura, la medicina para esa herida. La sanación reside en el dolor. La sabiduría reside en las cicatrices. Pero al otro lado de todo esto, al final del túnel, donde por fin se ve la luz, está tu *PODER*.

Me rompiste.
Me rompiste el corazón.
Me rompiste el alma.
Me rompiste la mente.
Me rompiste el cuerpo.
Me rompiste los ojos.
Me rompiste la esperanza.
Rompiste mi hogar.
Rompiste mi fé.
Rompiste mi amor.
Lo Rompiste TODO.
Pero, también rompiste mi amor por ti.
Y con eso…
Rompiste mis miedos.
Rompiste mis limitaciones.
Rompiste mi zona de confort.
Rompiste mi ansiedad.
Rompiste mis inseguridades.
Lo Rompiste TODO.

Capitulo 5

¿Quién fue el responsable de tu dolor?

Trate mucho tiempo de entender tus razones por abandonarnos.
Pero luego entendí que estaba yendo detrás
de la serpiente que me mordió para pedirle una explicación,
cuando debería buscar curarme la herida para no morir.

Creo profundamente en una pregunta esencial que debemos hacernos a nosotros mismos al inicio de una relación y es la siguiente:

¿Esta persona basa sus decisiones en sentimientos? ¿O, basa sus decisiones en valores?

Piénsalo. Quizá jamás te has hecho esta pregunta a ti misma, y mucho menos has analizado esta pregunta en los demás. Por ejemplo, una persona que basa sus decisiones en sentimientos puede que te sea infiel, ya que va a basar sus decisiones en lo que siente en el momento. Puede también que te ame en la mañana y quiera terminar la relación en la tarde, ya que se deja guiar por sus emociones. Los sentimientos y/o emociones son siempre cambiantes y dependientes de muchos aspectos del entorno. En cambio, alguien que basa sus decisiones en valores, independientemente de sus altas y bajas emocionales, comprende el valor, la integridad, y la lealtad que debe existir en una relación de pareja. De igual manera debes analizar qué tipo de persona eres tú. Repito, recuerda que todo lo que buscas en una pareja, ya debe residir dentro de ti. Cuando amamos desde el amor propio, todo el amor, sabiduría, introspección, energía, conocimiento, apoyo, compasión, lealtad, e incondicionalidad, ya debe residir en ti. La pareja se elige, no con la esperanza de obtener estas cosas, sino con la esperanza de dar estos regalos a diario el uno al otro.

¿Lo vez ahora? Tú, y solo tú, eres la única responsable de tu dolor. Pero recuerda que no estamos aquí para culparnos. La culpa es la peor consejera, igual que el ego, no sabe nada de nada. Estamos aquí para transformar esto en una de las lecciones más importantes de tu vida. Estamos aquí para avanzar.

Tu amor es tan inmenso que a pesar de que sacaba tus peores miedos e inseguridades, y te hacía sentir chiquita e insignificante, seguías con tu coraje para delante luchando por la relación. Jamás perdiste la fe en él, en el amor. Pero, él no sabe lo que es la fe, ni el coraje, ni el amor incondicional. Él solo sabe rendirse cuando hay que luchar. Así que, reconoce tu parte como causante de tu dolor. Pero, a la vez, haz consciencia del amor inmenso e incondicional que eres capaz de dar.

A ti, mujer divina, ahora también te toca voltear hacia adentro, y analizar que parte de ti permitió que este hombre te mantuviera a su lado tanto tiempo, si jamás te dio seguridad. O quizá te toca analizar tus propios miedos, traumas, inseguridades, etc. Quizá tu eres la que nunca diste seguridad a tu pareja. Quizá tú eras la que siempre estaba con un pie en la puerta amenazando salir corriendo a la primera señal de dificultad.

O, quizá te sucede como en mi caso, la inseguridad que el me daba, me volvió loca. Me perdí tanto de mí misma que ya ni siquiera sabía porque luchaba. Me creí todo lo malo de mí que él me decía, y me creí las culpas que el me echaba. Y al final solo se fue acumulando todo en mi contra, y usado como razones para no amarme. Así que, introspección por favor. Porque la única responsable de tu dolor eres tú. La única responsable de lo que permitiste, eres tú. La única responsable de no reaccionar con amor propio a las personas y situaciones, eres tú. La única responsable de tus emociones, eres tú. Aprende de las caídas y de las faltas a ti misma. Todo hábito, solo con constancia se adquiere. Aprende a reconocer las banderas rojas, esas pequeñas, pero muy claras, claves que te advierten desde un principio que ese hombre no resuena contigo ni con lo que te mereces. Así como el sol hace brillar a la luna, siempre la persona que te ama de verdad te hará brillar. Si no es la persona indicada, apagará el brillo de tu corazón. El amor verdadero siempre te va a hacer mejor persona.

Carl Jung tiene un dicho trascendental, el cual adopte como un credo y lo he encontrado totalmente aplicable a la gran mayoría de los aspectos de la vida.

"Hasta que hagas consciente lo inconsciente, el inconsciente seguirá dominando tu vida, y le llamaras destino." – C. Jung

Ahora anhelo un amor que me ame como no supiste amarme tú.
Que llegue y me haga olvidarte.
Que me haga no volver a pensar en porque no fui suficiente
para ti
Que me haga borrar de mi corazón todas las noches de
llanto por ti
Que me haga dejar de pensar que tu ríes mientras yo lloro.

Capitulo 6

La Masculinidad

Ahora lo entiendo.
Ahora lo veo muy claro.
Tú siempre deseabas estar en todas partes, menos a mi lado.
Y yo siempre buscaba estar a tu lado.
Quise enseñarte que en el amor también se puede encontrar
la libertad. Porque eso es lo que yo buscaba y sigo buscando.
Pero tú no buscabas libertad, tu buscabas soledad.
En la soledad no hay libertad. Solo en el amor hay libertad.

La masculinidad es un tema controversial y susceptible a muchas teorías, opiniones, experiencias, psicología familiar, pero, sobre todo susceptible a la vida cotidiana en pareja y como afecta o mejora la pareja—y por ende cualquier futura familia que pudieran formar juntos.

Si observamos—y quizá me llamen anticuada, anti-feminista, y hasta equivocada—existe un desbalance de la masculinidad y la feminidad en las parejas hoy en dia. Y todo inicia desde casa, desde la crianza. Los hijos, desde una perspectiva de psicología familiar, deben ser criados con autoridad, una autoridad que deben demostrar los padres. Los desbalances inician con padres infantilizados, en adolescencia eterna. Tienen miedo a perder el cariño de los hijos por poner límites. Los limites los ponen los hijos. El "no" ahora lo dicen los hijos. Ahora el hijo no admite un "no" de una autoridad, profesor, policía, etc., porque no lo han recibido en casa. Al final, establecer límites con los hijos les da una herramienta muy poderosa, y te lo agradecerán.

La felicidad no tiene nada que ver con bienestar, no es libertad, tenerlo todo, vivir sin límites; la felicidad es fortaleza, es tener esas herramientas éticas, espirituales, morales, que te han dado los padres, que les ayudará a superar esos obstáculos que se les van a presentar en la vida. Obstáculos constantes como, muerte, enfermedad, nos deja la pareja, nos corren del trabajo, no aprobamos las oposiciones. Con herramientas basadas en limites, ética, moral, y espiritualidad, el hijo se cae, pero se levanta, supera los obstáculos, los transciende, y cuando se levanta, se levanta más fuerte y más sabio. Joe Dispenza dice que cuando una experiencia puede ser recordada sin dolor, se ha transmutado en sabiduría. Aprendan sobre observación, para poder mejorar, y mostrar el ejemplo a los hijos.

Masculinidad equilibrada, feminidad equilibrada, esto es lo que los hijos van a aprender de padres equilibrados.

La energía masculina es la que sostiene y permite ser a la energía femenina. Como en el baile, el hombre liderea, la mujer se deja liderear y aprende a bailar al ritmo del hombre. Si el hombre baila fuera de ritmo, la mujer se acopla, y la pareja está fuera de ritmo. En la psicología se sabe que el hombre siempre necesita libertad, y la mujer siempre necesita seguridad.

La confianza. La mujer siempre ocupa sentir confianza, que puede confiar cien por ciento en el hombre. Un ejemplo típico sería el siguiente—y sé que se van a identificar con esto—cuantas veces como mujeres hemos dicho, "hay no, yo lo hago mejor porque él lo hace mal." El hombre en su comodidad y feminidad deja que ella lo haga, y la mujer en su desbalance de tomar un papel que no le corresponde desordena el orden natural de la pareja. Cuando no hay confianza, el hombre busca libertad fuera de la pareja.

El respeto. Cuando el hombre se siente respetado por su mujer, se siente impulsado por cuidarla. Busca crecer y darle lo mejor, ya que honra ese respeto y lealtad que siente que su mujer le tiene.

El problema inicia cuando el hombre no da esa confianza y ese respeto—anda de ojo alegre, siempre amenazando con irse, o incluso se va y vuelve a su antojo. Recuerda, el hombre liderea, él marca la pauta del ritmo que llevará la relación. Pero, el hombre tiene que poder liderear y sostener ese espacio de seguridad para entonces la mujer poder dar esa confianza y respeto.

El hombre "trabajado" que se conoce a si mismo porque ya hizo su trabajo interno, sanó heridas de infancia, inseguridades, aceptó sus errores y fallas en su masculinidad, sanó sus temas más profundos, sus traumas, sus miedos, y sus faltas de responsabilidad, permite a la mujer SER. Ser femenina. Le permite ser este océano que es la mujer, un océano de compasión, comprensión, ternura, paz, apoyo, y hogar. No le pasa la carga ni responsabilidad de mantener la paz en la relación, sino se lo permite. Si el hombre no está en ese lugar, no está en una masculinidad madura, divina.

La masculinidad femenina, o lo que llaman la masculinidad tóxica, inmadura, e infantil. No puede ser hombre porque sigue siendo niño. Necesita madurar, sanar su niño interior, darse ese amor que quizá no recibió de su papá, para poder estar con su pareja como hombre, como líder de la familia, como pilar, sin reprocharle a la pareja todo lo que está mal. O, peor aún, callarse todo el resentimiento que acumula hacia la pareja para al final salir como un patán, echándole todas las culpas a la mujer. Cuando la verdad, psicológica y emocional, es todo lo que se menciona anteriormente—es un niño aun, en su masculinidad infantil.

Cuando un hombre logra su masculinidad madura y divina, a ese hombre no cualquier viento lo quiebra. Puede sobrellevar el océano que venga. Tiene flexibilidad para sostener el océano de la mujer.

La Teoría del Machismo

Recién la ruptura, en las palabras de una buena amiga, me fui dando cuenta que caí en blandito. Me azotó durísimo la ruptura, pero el Universo se encargó de que cayera en sus nubes. Yo me mudé a mi departamento un lunes, y el miércoles me fui a Cancún, México a un retiro que ya estaba planeado y pagado desde unos meses antes. El retiro se llamaba, Infinita Expansión, Manifestando Amor. Pffttt! En mi dolor me parecía lo más cínico que pudiera hacer en ese momento. Esta amiga querida, y aparte hermosa—cabe mencionar que a todas mis amigas las veo divinamente hermosas y perfectas, y así deberíamos de ser todas con todas—me aconsejo que fuera como quiera con un muy buen punto. Me dijo, aquí y allá te vas a sentir igual, pero allá estas en la playa, y rodeada de las herramientas perfectas para lo que estás pasando, que mejor señal buscas para convencerte de que así tenía que ser.

Total, en efecto, me cayó como anillo al dedo ese retiro, el lugar, las personas, las herramientas, las meditaciones y prácticas de yoga diarias, y sobre todo la distancia. Pero también se me quedo algo muy grabado que he llegado a adoptar como una teoría muy cierta y muy aplicable al hombre de hoy en día, sobre todo al hombre de origen latino, y en mi caso específicamente, mexicano.

Tenemos la idea, basada en crianza y en experiencias, de que un hombre machista es aquel que te cela, no te deja salir, no te permite expresarte o ser imperfecta. El que no le agrada que trabajes o tengas un propósito propio fuera del hogar. El típico macho que por que es el proveedor, no ayuda en casa, no está presente con los hijos, y no aporta a la relación emocionalmente. Pero después de unas pláticas con amigos en ese viaje, cambió mi perspectiva completamente sobre lo que es un macho o un hombre machista.

Ese hombre que hace todo lo que acabas de leer, y quizá otras cosas que no utilicé como ejemplos, lejos de ser un machista, es un hombre femenino. Criado sin un ejemplo de hombre en casa porque papa nunca aportó a su crianza, y por una madre que lejos de enseñarle que así no debe ser un hombre, le enseño que eso es lo correcto. Le enseñaron a ser un princeso, que no se le debe dar la contraria en nada, que se le debe atender, y jamás exigirle que ayude con los deberes del hogar ni de los hijos. ¿Qué es eso? Es un hombre femenino, no un macho. Un verdadero macho toma las riendas de su familia. Llega a casa a ser la cabeza de la crianza de los hijos, llega a casa a relevar a su mujer que lleva todo el día entregada a la familia sin un minuto para entregarse a ella misma. Un verdadero macho, forma vínculos emocionales con sus hijos, les da el ejemplo a sus hijos varones de lo que es realmente ser la cabeza de la familia, y les da el ejemplo a sus hijas mujeres de las cualidades que forman un verdadero macho. Un verdadero hombre macho, no busca gratitud por aportar en casa, simplemente lo ve como un deber ser. Un verdadero hombre macho, busca servir. No hay mayor acto en los ojos de Dios, que un hombre sirviendo a su familia en Su nombre.

Mujer, volviendo a las banderas rojas, se han dado cuenta que la mayoría de los hombres ya no inician el conocerte. El hombre ya no tira los perros, como dicen en mi país. Lo que se consideraba características masculinas como la valentía, el liderazgo, proteger, proveer, ahora se ha invertido en cariño, demanda, igualdad. ¿En qué momento se invirtieron los papeles? Estamos viviendo una crisis de masculinidad. Así que, si desde un inicio, la que tiene que tomar el primer paso eres tú, amiga, te sugiero que no des ni un paso más hacia ese hombre que tiene que madurar su masculinidad. No es lo que estás buscando, créeme.

Hombres, la mujer no puede ser tu paz si tu no estas creando el ambiente en donde ella puede dar esa paz. Dejen de esperar o exigir de esa mujer a la cual constantemente le das problemas, inseguridades, desafíos, y a la cual no le proporcionas un espacio seguro para ella. La paz se encuentra solamente donde existe la seguridad.

Existe una broma entre mis amistades, que cuando conocemos a un prospecto ya no se le preguntan las típicas cosas que solemos preguntar cuando estamos conociendo a alguien, ahora solo hacemos una pregunta—¿Cuánta terapia has tomado?

Llega un momento, necesario, en la vida de todo hombre que debe morir toda parte de él que lo mantiene niño, debe soltar las ilusiones inmaduras de querer tener poder, pero sin querer el peso de la responsabilidad. El niño está lleno de ruido, persiguiendo victorias vacías, buscando en toda persona en todo sitio la validación de sus actos inmaduros, se esconde detrás del orgullo y la soberbia, manipula y confunde a la pareja—no por cruel, si no por miedo. El niño tiene miedo que lo vean por lo que carece, y siente la necesidad de gritar sus victorias vacías.

En cambio, el hombre, que ha madurado su masculinidad, sabe que el verdadero poder reside en el silencio, que la fuerza real no ocupa demostrarse ni presumirse, sus acciones hablan por él. El hombre con su masculinidad desarrollada y divina no exige, construye el ambiente para su mujer, para su familia, su palabra es impecable. El hombre masculino sabe que ser hombre no significa que no muestre su dolor, al contrario, sabe confrontar su dolor, sabiendo que todo es un maestro, y convierte todo en una lección. El hombre verdaderamente masculino admite sus fallas, no busca culpar a nadie, y sabe perfectamente que el amor no es un juego, si no una responsabilidad, un sacramento, que debe proteger, cuidar, y fomentar—da amor a su mujer, sabiendo que ese amor representa su lado suave, permite que su mujer lo sane y lo aterrice. Por último, el hombre divino, masculino, honra tu feminidad, porque sabe que honrarte a ti significa honrarse a si mismo.

Práctica, medita, visualiza, manifiesta un hombre así para tu vida. Si no es así, no quiero nada. ¿Mejor sola que mal-acompañada, no crees?

De esperarte todas las tardes,
a tratar de no recordarte todas las mañanas.
De escribirte un te amo,
a no volver a ver un mensaje tuyo.
De compartir almohadas,
a miradas de desprecio.
De besos apasionados,
a tenerte bloqueado.
De tus manos en mi cintura,
a firmando la ruptura.

Capitulo 7

Un Año de Sanación

No se puede reprimir el dolor.
La obscuridad empieza a burbujear
y se prepara para una erupción.
La obscuridad sale para todos tarde o temprano.

¿Por qué un año? En la introducción mencioné que el autor y psicólogo Jorge Bucay nos dice que tardamos aproximadamente un año en sanar por completo de una ruptura. En términos sencillos, un año generalmente abarca la gran mayoría de las vivencias que tenías con tu ex. Durante el año post-ruptura, te vez en muchas de las mismas situaciones, pero ahora sin él, sola. Y en términos anatómicos, tu cerebro empieza a formar nuevas conexiones de neuronas y nuevas memorias. Las conexiones anteriores, al dejar de recibir estimulación, empiezan a desmoronarse, e incluso pueden pasar a la bandeja de basura de tu cerebro.

Vuelvo y vuelvo a lo mismo constantemente por que la repetición es la estimulación para formar una nueva conexión en tu cerebro. Nadie es responsable de ti, más que tu misma. Esto incluye tu sanación. Es tu trabajo sanar. Sanar, de lo contrario a lo que se piensa comúnmente, no es un camino bonito. Es un camino difícil, obscuro, y doloroso. Sanar es muy incómodo. Pero solo tú tienes la cura para tu corazón. La medicina está justo dentro de la herida, la sanación está justo en el dolor, y la sabiduría y el avance están justo en las cicatrices. No evadas estas partes de tu ruptura, acéptalas y úsalas como tus herramientas para sanar. Úsalas para darte cuenta de lo que no vas a volver a permitir en tu vida. Vívelas para que te sirvan de recuerdo de lo que no quieres volver a sentir jamás. Lo bueno de este camino es que puedes tener la certeza de que al final estará tu poder.

No tiene que ser un determinado tiempo. No tiene que ser un año. Puede ser menos o más, lo que tú determines. Pero antes de determinar cuánto tiempo te permitirás para sanar, primero determina si tienes claros los pasos y herramientas para lograr tu sanación. De ese punto en adelante, no desvíes tu mirada de la meta. Piérdete un rato y ponte límites a ti misma, haz acuerdos contigo misma. Empieza por acuerdos corporales como hacer ejercicio, comer sano, no fumar, no beber, etc. Haz acuerdos mentales, dietas mentales, tus pensamientos determinan tu estado de ánimo. Los humanos creamos todo en la mente.

Tenemos la capacidad de hacer un pensamiento lo más real del mundo. La mente no discrimina entre lo que está sucediendo en realidad y lo que está sucediendo en tus pensamientos. Solo porque tienes un pensamiento, no significa que es real. Tienes el poder de frenar los pensamientos o de empoderarlos y tienes el poder de controlar lo que tus pensamientos causan en ti. Forma el hábito de reconocer cuando estás teniendo pensamientos negativos y transfórmalos en pensamientos positivos. Haz actividades que alimenten tu alma. Busca grupos de oración, sal al sol, pasea a tu mascota, lee un buen libro, vete de vacaciones sola. Si en tu vida has tenido un proyecto o una meta que nunca te diste la oportunidad de perseguir, éste es el momento de hacerlo. Ya no hay quién te limite, más que tu misma. En mi caso le dedique toda mi energía a esta obra que ahora estás leyendo. Regresa a terminar esa carrera que siempre quisiste terminar. Regresa a tus pasiones que dejaste de hacer, bailar, pintar, cantar, viajar, etc. Y recuerda siempre, mereces estar en un ambiente que saque tu lado suave, tu lado femenino; no tu lado de supervivencia.

Yo perdí a alguien que nunca me amó.

Una mujer sabia me dijo que las mujeres tenemos el poder de transformarlo todo. Si nos das ingredientes de comida, los transformamos en una rica cena. Si nos das un techo, lo transformamos en un hogar. Si nos das sexo, lo transformamos en creación de vida. Si nos das dolor, lo transformamos en poder.

El dolor de perderte me ha dado el poder de ver que tú perdiste más. Porque yo perdí a quién no me amaba. Pero tu perdiste a quién te hubiera amado toda la vida.

Capitulo 8

El Medio Novio

Cuando una mujer comunica, reclama, reprocha,
es porque aún le importas.
Cuando una mujer se queda en silencio,
le has dejado de importar

Por fin hemos llegado a mi parte favorita del libro. Aquí empieza lo divertido. Durante los primeros meses después de mi ruptura de mi amor Getsemaní, me recomendaron un libro que me ayudo muchísimo en mi proceso. Se los recomiendo, "Los Hombres (A veces por desgracia) Siempre Vuelven." De Penélope Parker. Dentro de todos los buenos consejos de ese libro, el consejo y etapa que más disfruté fue la etapa del medio novio. Llega un punto en tu proceso de sanación que ya te sientes muy bien. Incluso, comienzas a pensar que estás lista para conocer a alguien más. Si eres parecida a mí, o dependiendo que tan avanzada vayas en tu proceso, puede que te des cuenta al intentarlo que en realidad no estabas lista.

Hagamos un paréntesis para contarles esa parte de mi proceso. Hace muchos años había conocido a un "casi algo" y siempre me había quedado con la duda de que hubiera sido. Me arrepentía mucho de no habernos dado la oportunidad. Llamémosle Miguel, no se llama así, pero por propósitos de referirme a él con un nombre y no solo el "casi algo." Entonces, al sentirme preparada para salir con alguien más, me comunique con Miguel. No sabiendo cuál era su situación actual en cuestión de pareja, me quede en ascuas esperando su respuesta. Para mi sorpresa y por supuesto, gusto, Miguel seguía disponible. No vivimos en la misma ciudad, así que iniciamos una comunicación constante, diaria, y muy linda vía mensajes, llamadas, video llamadas, etc.

Al poco tiempo me invita a visitarlo a su ciudad. No tengo la más mínima queja de ese viaje. Miguel se portó como un verdadero caballero, detallista, y espléndido. Planeó una sorpresa increíble para mí que solo alguien con un interés profundo en mi pudo haber planeado. El problema es que yo no estaba lista. Cada olor, canción que tocaba en un restaurante, o momentos de intimidad me causaban dolor, cuando deberían de estarme causando felicidad. Y entendí, aun no estaba lista. No se preocupen, seguimos siendo amigos Miguel y yo y tenemos una comunicación linda aún. Pero no es el momento aún para nosotros. En un futuro, Dios dirá.

Regresando al medio novio, si estás lista, lo vas a disfrutar mucho. El medio novio es un ser que conoces e instantáneamente sientes la conexión. Pueden pasar horas juntos, hay intimidad, confianza, gustos en común, conversaciones largas y estimulantes. Pero, sobre todo, tienen el mismo propósito—una relación casual. Es mucho más fácil encontrarte un medio novio, que un novio formal. Por cuestiones de creencias propias, no creo en andar compartiendo tu energía sexual con cualquiera, y mucho menos con diferentes. Y en lo personal, antes de prenderme el cuerpo, un hombre necesita primero prenderme el cerebro para despertar mi interés. El medio novio es un acuerdo con ese ser. Somos exclusivos, pero no salimos a la calle agarrados de la mano. No compartiré mi energía sexual con nadie más, pero si me daré la oportunidad de seguir conociendo a otras personas. No nos presentamos como pareja con amistades ni mucho menos con familia. Y si algún día, alguno de los dos, tiene un cambio de sentir sobre el acuerdo, nos lo hacemos saber.

El medio novio no reprocha, no tiene derecho sobre ti, ni tú sobre él. Es una relación en donde solo comparten lo bueno de las relaciones, sin compromisos, sin ataduras, sin responsabilidades aparte del acuerdo que hicieron al iniciar. Ahora, también existe la posibilidad de que el medio novio se convierta en una relación seria. En su caso, eso es un cambio de sentir, y nos lo haríamos saber. Incluso, llegué a compartir la creencia en esta teoría de la autora Penélope Parker, que todas las relaciones deben iniciar así. Tener a un medio novio te da la libertad de ser tú. No hay presiones ni tabús, ya que no hay seriedad ni compromiso. Sientes la libertad de ser tú completamente. Sientes la confianza de mostrar tu ser más auténtico. Y se convierta o no en algo serio, mostrar tu ser más auténtico siempre es lo mejor. Tu autenticidad va a filtrar o va a enamorar. Tu ser más auténtico es el mejor regalo que puedes darle al mundo.

Ahora entiendo la bendición que fue perderte. Hay que abrir el camino para quién tenga las mismas ganas. Las mismas ganas de crecer, de besar, de abrazar, de hacer el amor, de apoyar y de amar sin condiciones. Hay que encontrar con quién vibrar en la misma frecuencia y con la misma voluntad

Capítulo 9

El Arquetipo Que Abandona

toda esta vida anhelé un amor seguro
cuando en todos lados me siento fuera de lugar
desinteresada incomoda e incluso ansiosa
en ti planteé la idea de que serías para siempre
mi lugar seguro
era mucha responsabilidad para ti
a ti no te gustan las responsabilidades

Es importante entender cómo funciona la psicología humana. El conocimiento nos da mayor entendimiento y nos amplía el panorama. En el proceso de una ruptura, tendemos a auto culparnos—¿qué hay de malo en mí? Ojo, esto no quiere decir que somos libres de errores, recuerda lo que hablamos anteriormente de responsabilizarnos por nuestras fallas también.

Entender la psique masculina ayudará a soltar esa culpa que no te corresponde, y quizá también ayude a tomar mejores decisiones en el futuro al elegir una nueva pareja, a reconocer esas banderas rojas inmediatamente. Carl Jung fue un psiquiatra y psicoanalista suizo y un colaborador cercano de Sigmund Freud—el padre de la psicología. Jung es conocido por desarrollar la psicología analítica, que se centra en los arquetipos, el inconsciente, y el análisis de la personalidad.

La indiferencia o repentina frialdad de un hombre hacia su pareja revela más sobre sus propias debilidades que sobre cualquier falla de la mujer. Jung nos dice que aquello que proyectamos en los demás suele ser un reflejo de nuestros propios miedos. La psique masculina está llena de miedos, sus actitudes frías en realidad esconden algo más profundo, algo que intenta ocultar del mundo e incluso algo que se oculta a el mismo o su ego no le permite reconocer—partes inconscientes que busca reprimir a toda costa, incluso a costa de abandonar a una buena mujer—Jung llama a esto, "la sombra."

Un hombre que te abandona, te ignora, y/o se vuelve frío, puede que inconscientemente esté proyectando sus propias inseguridades, su miedo al apego, o incluso un sentimiento de inferioridad que no puede afrontar. Las razones de su comportamiento están precisamente en aquello que intenta esconder. Su alejamiento no es un signo de fortaleza, sino es un síntoma de un conflicto interno que ni el mismo entiende. Una de mis frases favoritas de Jung dice, "*hasta que lo inconsciente se haga consciente, seguirá dirigiendo tu vida, y le llamarás destino.*"

Este hombre se ha convertido en prisionero de su propio inconsciente y le dirige la vida. Aquí es donde muchas mujeres cometen el error de culparse, interpretan la frialdad del hombre como un desafío a superar, intentan demostrar su valor y llamar la atención de este hombre. Nadie ocupamos la validación de nadie. La búsqueda desesperada de validación, disminuye el valor propio.

Primero que nada, recién la ruptura y durante el tiempo que recorra tu proceso de sanación, no intentes llamar la atención de ese hombre, no revises si está en línea, no publiques indirectas para él, no intentes mantenerte presente en su vida a toda costa. No necesitas probar nada. Solo necesitas enfocarte en ti misma. Tu amor propio, tu ausencia, y tu sanación, vale más que cualquier intento por ser notada. La mujer que él abandonó, ya no existe, estás en tu proceso de muerte, y cuando resurjas, serás otra—más fuerte, más valiente, más consciente, y más evolucionada.

Jung decía que todo lo que rechazamos en el otro, es un reflejo de lo que rechazamos en nosotros mismos. Un hombre rechaza a una mujer porque no quiere enfrentar el impacto que ella tiene sobre el. La abandona porque quizá esa mujer personifica el crecimiento que él requiere, y no quiere hacer. Todo esto de la psique del hombre no tiene nada que ver contigo, mujer. Al final solo podemos responsabilizarnos por nosotros mismos. Somo adultos, en evolución, en expansión, y cada quién toma sus decisiones sabiendo que tendrán consecuencias. Ya sean consecuencias buenas o malas, solo tú eres la responsable de ti. Lo que él elija hacer, ya sea abandonar la relación con tal de no enfrentar un crecimiento, o justificarse echando culpas a ti, a su entorno, a su pasado, a lo que le sucede, a su estado de víctima, etc.—no es tu responsabilidad, ni tampoco es tu trabajo descifrarlo. No necesitas perseguir a nadie ni probar nada, no busques migajas de atención, enfócate en tu autoestima y tu valor propio. La mujer que se conoce a sí misma, que sabe su propio valor, no necesita rogar para ser vista, no se coloca en un sitio donde la quieren cambiar o la hacen menos por ser quién es. Levanta la cabeza reina, que se te cae la corona.

"hay que ser demasiado imbécil para destruir a la única persona que
se atrevió a querer tu desastre"

– Mario Benedetti

Capitulo 10

La Resurrección

Así como contemplábamos la luna y su poder,
aprendí a contemplar tu ausencia.
Entendí que, así como la Luna ama al sol,
pero sabe que solo se cruzan por breves momentos,
tenía que aprender a amarte desde lejos.
Nuestro eclipse fue breve,
y no se volverá a repetir en esta vida

En mi caso, no fue solo un año, fueron dos. El primer año fue el proceso de sanación, y el segundo fue el volver a vivir todo, sola, pero sana, sin rencores, sin dolor, sin dudas. Si estás leyendo este libro es porque buscas dos cosas, superar una ruptura, y/o buscas amor, amar de nuevo, ser amada. Recuerda que nunca se trata del destino, sino del camino que recorremos hacia ese destino. En tu proceso, en tu sanación, en tu busca o espera del amor, y en todo, antes de ser mutuo, el amor es propio. *Antes de ser mutuo, el amor es propio.*

¿Qué harías si ya tuvieras a la pareja perfecta, si ya pasaron años y ya sanaste e hiciste tu trabajo, si ya estuvieras en la relación de tus sueños? Espero que la respuesta que se te haya venido a la mente sea que te enfocarías en ti misma. ¿Y, porque esperar a tener una pareja para enfocarte en ti misma?

Como creencia general humana, nos han llevado a pensar que todo lo que deseamos va a costarnos tiempo y esfuerzo para obtenerlo. Si quiero una casa grande o un auto nuevo, va a tomarme tiempo para ahorrar, y esfuerzo de trabajo para obtener más dinero, ¿correcto? *¡Incorrecto!* Esta creencia se basa en un orden de, debo primero *tener*, para después poder *hacer*, para al final poder *ser*. Ejemplo, primero necesito tener a una pareja, para después poderme enfocar en mí, y al final ser feliz. Lo tenemos completamente invertido. Es al revés el orden correcto para lograr lo que deseamos. Primero debemos *ser*, para después poder *hacer*, y al final poder *tener*. O sea, primero debemos *ser* feliz, sentir gratitud por todo lo que si eres bendecida ya. Después, cuando eres feliz, con facilidad te enfocas en ti misma. Al final, sana, feliz, enfocada en ti misma, y plena, atraerás a esa pareja que tanto anhelas.

Al fin aquí, tu resurrección, cuando te has dado cuenta que no ocupas a nadie para ser feliz, que la felicidad reside dentro de ti. Nada se queda quieto jamás, todo nace, crece, y muere. Las cosas evolucionan a partir de otras cosas, todo es cambio constante. Cuando aprendes a fluir con ese cambio, cuando encuentras la comodidad en lo incómodo, cuando vez a todos como maestros y a todas las situaciones como lecciones—felicidades, has resucitado. Cuando puedes toparte a esa persona que tanto dolor te causó, que tanto tiempo y esfuerzo te tomó sanar de su golpe, y puedes sonreírle con gratitud, porque gracias a su abandono, tú has evolucionado, y puedes decir con paz en tu corazón y una sonrisa en tu boca, "hola, buenas tardes,"—felicidades, has resucitado.

Esta idea de que el amor entre tú y tu ex se desapareció, es solo una idea en tu mente. En este mundo que habitamos, nada desaparece, solo se transforma. Es tu decisión en que eliges transformarlo. Todo ese amor que tenías por tu relación, por la idea de una familia, por planes a futuro, puedes elegir aplicarlo en ti, y solamente en ti, transformarlo en tu empuje para crear una nueva versión de ti, más avanzada, más feliz, más confiada, más agradecida, y más merecedora. Si hubo un amor que se acabó, entonces existió el amor, y con eso es con lo que debes quedarte—con el amor. Recuerda, toda imperfección la puedes convertir en una iluminación. No pierdas el enfoque en ti misma, no quites la mirada de lo que mereces, no te alejes de tu feminidad divina, elige una pareja que pueda sostener el océano de tu feminidad.

Y cuando llegue a tu vida otra persona, no olvides todo lo que has aprendido, vivido, y avanzado. La pareja debe tener ciertas cualidades para considerarse, llamémosles banderas verdes—ojo, recuerda que esas mismas ya deben existir también en ti. La responsabilidad afectiva en la pareja es primordial, expresar sentimientos y necesidades de manera honesta sin miedo a que no validen lo que sientes, escucharse activamente, validar, respetar los sentimientos y necesidades de la pareja, poner límites de mutuo acuerdo, y que se respeten esos límites, abordar conflictos de manera constructiva. Responsabilidad afectiva es aclarar para que tu pareja no sobre piense, ser claros con los planes, no dejar a tu pareja pensando que harán una cosa, y haces otra, no dejar plantada a tu pareja, comunicar claramente intenciones, sentimientos, planes, etc. Si no quieres tener responsabilidad afectiva, entonces no le robes el tiempo a otro ser. Si no quieres perder tu tiempo, entonces nota las banderas rojas de falta de responsabilidad afectiva, falta de voluntad, falta de interés, y no te quedes ahí. Con gratitud por el corto o largo tiempo que estuvieron, date la vuelta y sigue tu camino en amor propio, en dignidad—otro aprendizaje más. Así como se practica cualquier habilidad que queremos mejorar o perfeccionar, así también se practica el amor propio, la habilidad de poner límites, de respetarte a ti misma, y sobre todo de saber cuándo irse.

No quiero olvidar, porque fui muy feliz.
No quiero recordar, porque duele mucho.
Mejor guardo todo en este baúl de mi mano cansada de
pegar los pedazos de mi corazón,
donde estarás lo suficiente cerca para no olvidar,
pero lo suficiente lejos para no doler.

Epílogo

Mi bisabuela, Felicidad—yo amaba su nombre—
era una mujer bellísima. Vivió una vida larga, murió a los
99 años. Tenía ojos azules y profundos como el mar, su
pelo era largo y completamente blanco ya en los años que
yo la recuerdo, jamás dejó de arreglarse, y toda la vida fue
la adoración de su esposo, mi bisabuelo Miguel (El si se
llamaba Miguel en realidad). Me gustaba mucho pasar
tiempo con ella porque me daba muchos consejos
maduros, escondidos entre pláticas con la niña entre nueve
y doce años que era yo. Con los años he ido recordando
muchos de sus consejos. Los que más me gustaban eran
los que aplicaban a los hombres.

Por supuesto, su primer consejo siempre fue,

*"Nunca salgas desarreglada, despiértate primero, para cuando salgas
del vestidor, tu esposo y tu familia ya te vean bonita."*

Otro consejo muy grabado en mi alma era,

*"No permitas que nadie, nunca, te vea enojada. Corre al espejo y te
mostrará lo fea que se ve una mujer enojada. Y, en esta familia, no
hay mujeres feas."*

Y el más valioso consejo que la abuela Felicidad me compartió fue,

"Deja que tu esposo haga las cosas, aunque sepas que las harías mejor tu. Ellos se enamoran más de lo que hacen por ti, que de lo que tú haces por ellos."

Claro que la abuela fue formada con ideales ya anticuados, pero dentro de sus consejos, en un mundo donde los ideales han cambiado mucho, sigue habiendo sabiduría y amor. Hasta podría parecer que a la abuela le importaba mucho la imagen física. Pero, ahora veo que no se trata de la imagen física, de hecho, creo profundamente que, si pudiéramos vernos las almas, tendríamos una imagen completamente diferente de lo que es la belleza. Y elijo pensar que a eso se refería la abuela cuando hablaba de belleza, de siempre comportarse bonito. Parte de avanzar personalmente es encontrar el balance entre los nuevos ideales y los consejos clásicos que permanecerán siempre aplicables a la vida.

Al final, también fue para ti
JAB

Un agradecimiento especial
para esos hombres que fueron parte de mi aprendizaje
Pero en especial, me agradezco a mí misma
por tener el valor de transformarlo todo
en lo mejor que me ha pasado

Made in the USA
Coppell, TX
07 April 2025

47984984R00059